Armiño

Grace Hansen

Abdo
ANIMALES DEL ÁRTICO
Kids

Abdo Kids Jumbo es una subdivisión de Abdo Kids
abdobooks.com

abdobooks.com

Published by Abdo Kids, a division of ABDO, P.O. Box 398166, Minneapolis, Minnesota 55439.

Abdo Kids Jumbo™ is a trademark and logo of Abdo Kids.

Printed in the United States of America, North Mankato, Minnesota.

052021

092021

THIS BOOK CONTAINS RECYCLED MATERIALS

Spanish Translator: Maria Puchol

Photo Credits: Alamy, Animals Animals, Getty Images, iStock, Minden Pictures, Shutterstock

Production Contributors: Teddy Borth, Jennie Forsberg, Grace Hansen
Design Contributors: Dorothy Toth, Pakou Moua

Library of Congress Control Number: 2020930693

Publisher's Cataloging-in-Publication Data

Names: Hansen, Grace, author.

Title: Armiño/ by Grace Hansen;

Other title: Ermine. Spanish

Description: Minneapolis, Minnesota: Abdo Kids, 2022. | Series: Animales del Ártico | Includes online resources and index.

Identifiers: ISBN 9781098204266 (lib.bdg.) | ISBN 9781098205249 (ebook)

Subjects: LCSH: Ermine--Juvenile literature. | Stoat--Juvenile literature. | Weasels--Juvenile literature. | Zoology--Arctic regions--Juvenile literature. | Spanish language materials--Juvenile literature.

Classification: DDC 599.74447--dc23

Contenido

El Ártico

El Ártico es la zona más septentrional de la Tierra. Está compuesto por tierra y por el océano Ártico cubierto de **hielos marinos**. El clima es gélido. ¡Solamente los animales más fuertes pueden sobrevivir en el Ártico!

Armiños

Los armiños pertenecen a la familia de las comadrejas. El Ártico es el hogar de muchos, viven en la **tundra**, en las rocas y en el hielo.

Los armiños son pequeños **mamíferos**. Solamente llegan a medir de 5 a 12 pulgadas (13 a 30 cm) de largo. Su cola no llega a las 5 pulgadas (13 cm).

En invierno, su pelaje es blanco y espeso. La punta de sus colas es negra. El pelaje los mantiene calientes.

Los armiños tienen garras afiladas. Esas garras y su ligero peso les ayudan a caminar con facilidad sobre la nieve.

Los armiños duermen durante el día. Suelen cazar por la noche. Les gusta comer pequeños **mamíferos**, como ratones. También les gusta comer pájaros y huevos.

En el Ártico, los armiños viven en escondites bajo tierra. También viven en las **grietas** de las rocas.

Crías de armiño

La casa de un armiño se llama madriguera. Es donde las hembras dan a luz. Una **camada** generalmente tiene de 3 a 18 **crías**.

Las **crías** son ciegas e indefensas al nacer. Beben la leche materna las 12 primeras semanas. Permanecen con la madre el primer año, más o menos. Durante este período aprenden a sobrevivir.

Más datos

- El pelaje de los armiños que viven en climas más suaves se vuelve parcialmente blanco.
- Los armiños son silenciosos, elegantes y ágiles. Estas características los convierte en grandes cazadores.
- Por su forma, los armiños pueden entrar con facilidad en las madrigueras de sus presas.

Glosario

camada - conjunto de crías de animales nacidas en el mismo parto.

cría - cachorro de comadreja o mamífero con pelaje.

grieta - hendidura alargada.

hielo marino - agua congelada de océano, normalmente cubierta de nieve.

mamífero - animal de sangre caliente con la piel cubierta de pelo y esqueleto dentro de su cuerpo.

tundra - terreno extenso abierto en las regiones árticas de América del Norte, Europa y Asia. En la tundra no crecen árboles.

Índice

Abdo Kids
ONLINE
FREE! ONLINE MULTIMEDIA RESOURCES

¡Visita nuestra página **abdokids.com** para tener acceso a juegos, manualidades, videos y mucho más!

Los recursos de internet están en inglés.

Usa este código Abdo Kids

AEK8862

¡o escanea este código QR!